SYLLABAIRE

PITTORESQUE,

OU

La Lecture enseignée par des Images;

Par GARSON aîné.

Première LIVRAISON. et unique!

Paris.

Chez { L'ÉDITEUR, rue des Boucheries-St.-Germain, n° 57;
HAUTE-COEUR-MARTINET, libraire, rue du Coq-St.-Honoré, n°s 13 et 15;
Et chez les principaux Libraires et dépositaires de publications pittoresques.

ALPHABET FIGURÉ

DES SOURDS-MUETS, CORRESPONDANT A L'ALPHABET ORDINAIRE.

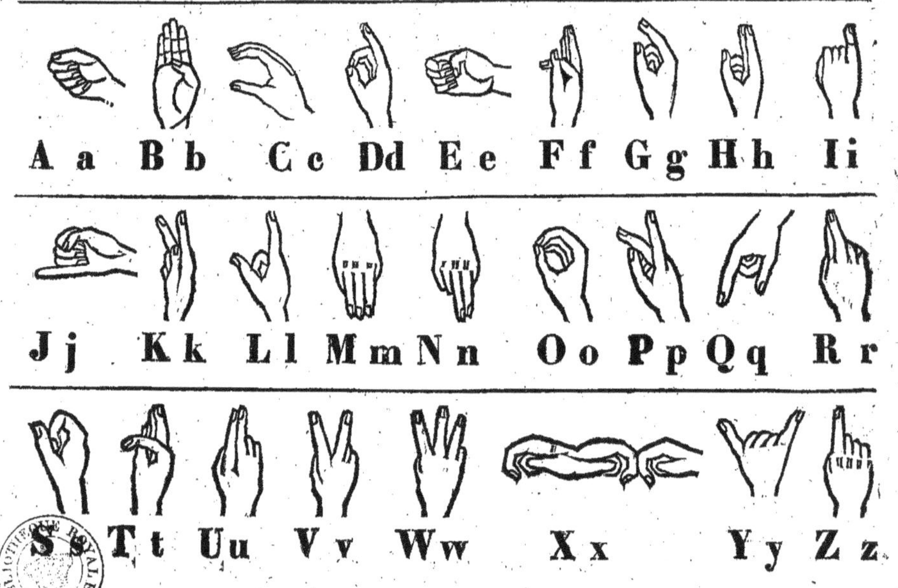

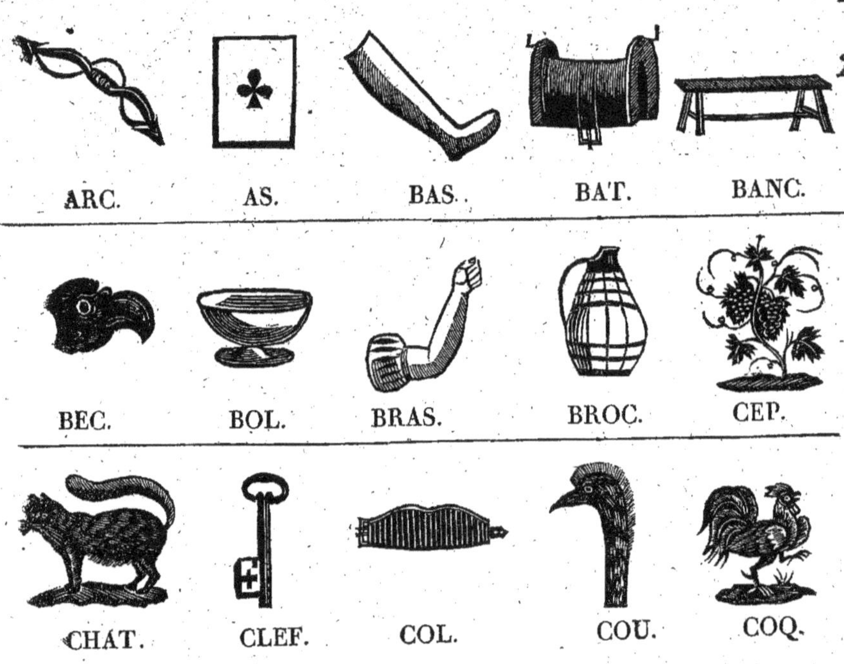
ARC.
AS.
BAS.
BAT.
BANC.
BEC.
BOL.
BRAS.
BROC.
CEP.
CHAT.
CLEF.
COL.
COU.
COQ.

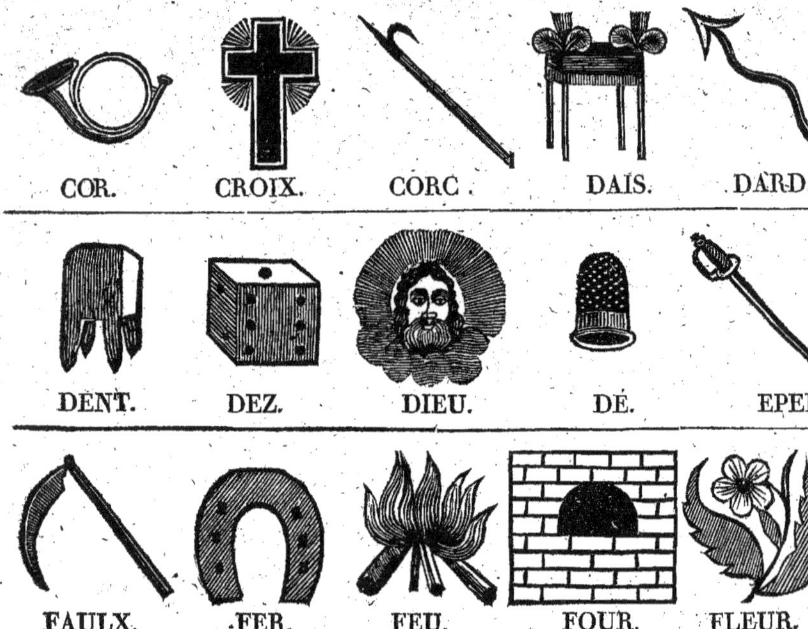
COR.
CROIX.
CORC.
DAIS.
DARD.
DENT.
DEZ.
DIEU.
DE.
EPEE.
FAULX.
FER.
FEU.
FOUR.
FLEUR.

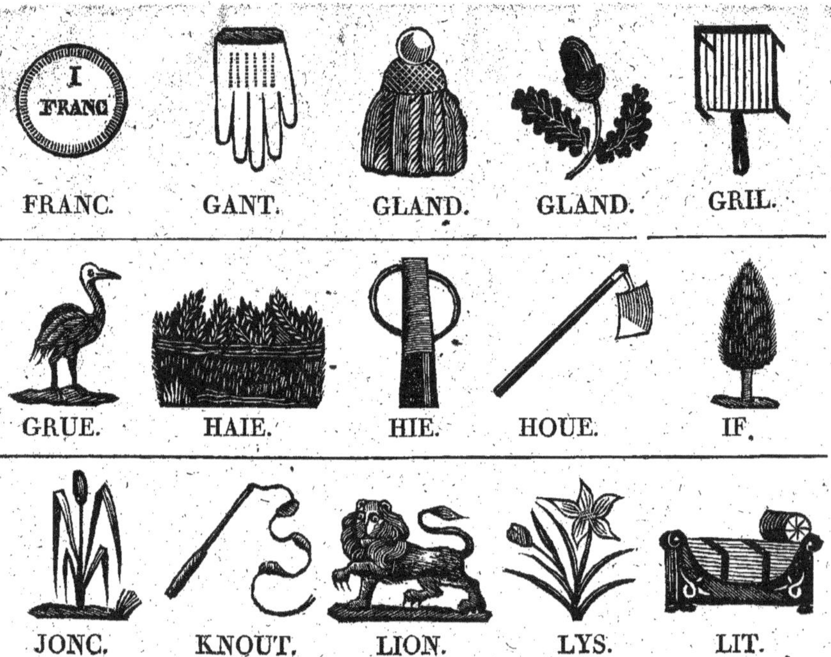

I
FRANC
FRANC.
GANT.
GLAND.
GLAND.
GRIL.
GRUE.
HAIE.
HIE.
HOUE.
IF.
JONC.
KNOUT.
LION.
LYS.
LIT.

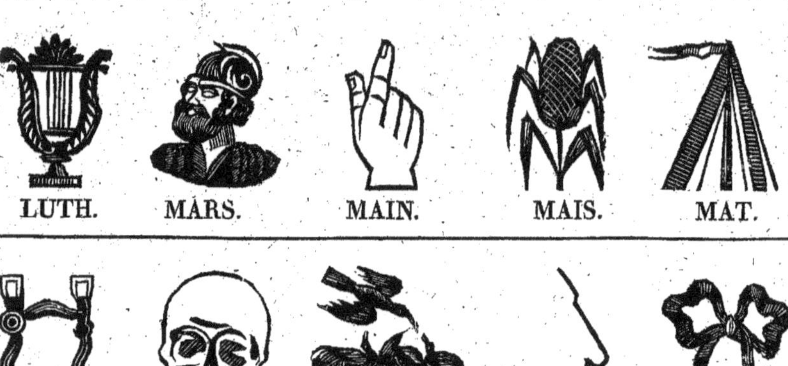

LUTH. MARS. MAIN. MAIS. MAT.

MORS. MORT. NID. NEZ. NOEUD.

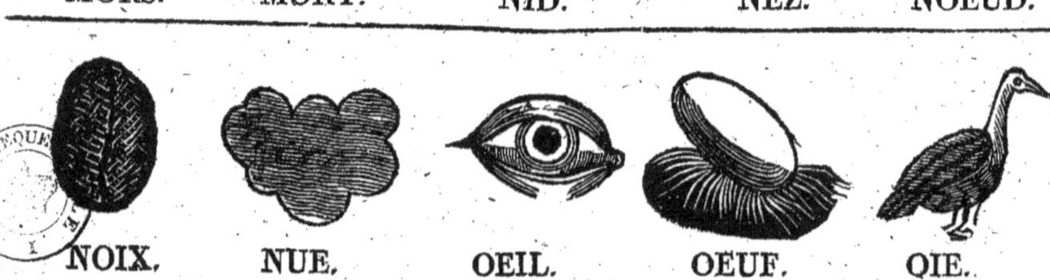

NOIX. NUE. OEIL. OEUF. OIE.

OS. OURS. PIE. PIED. PIED.

PIEU. POING. PONT. PUITS. PIN.

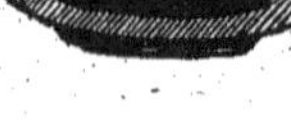

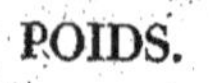

PLAT. POIDS. POT. QUEUE. RAT.

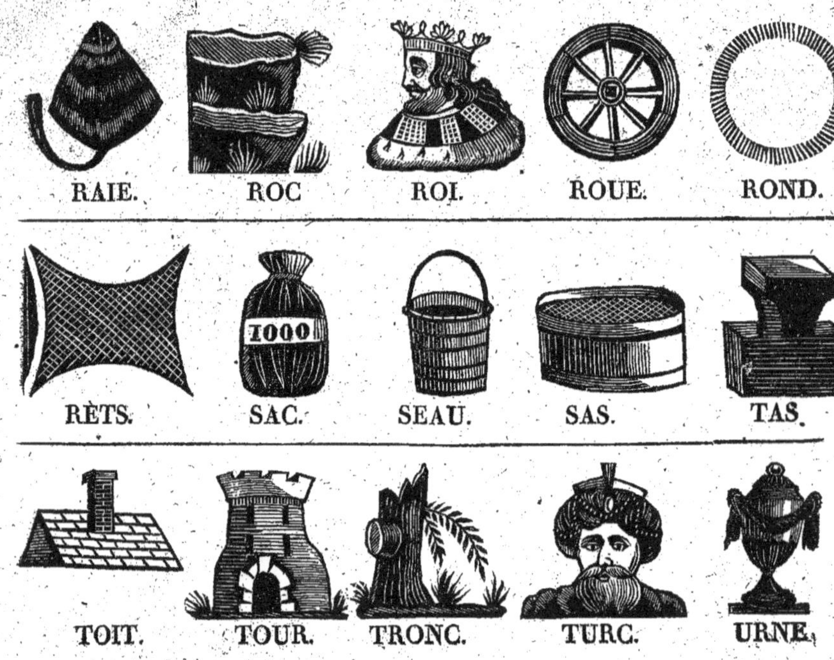
RAIE.
ROC
ROI.
ROUE.
ROND.
RÈTS.
SAC.
SEAU.
SAS.
TAS.
TOIT.
TOUR.
TRONC.
TURC.
URNE.

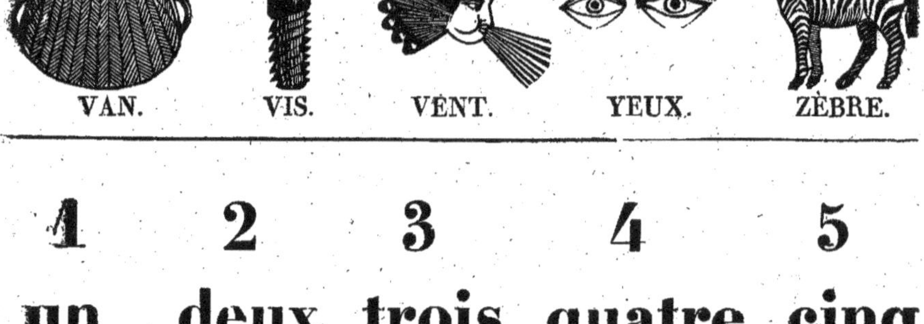

1	2	3	4	5
un	deux	trois	quatre	cinq
6	7	8	9	0.
six	sept	huit	neuf	zéro.

Imprimerie dHippolyte TILLIARD, rue Saint-Hyacinthe-Saint-Michel, n° 30.

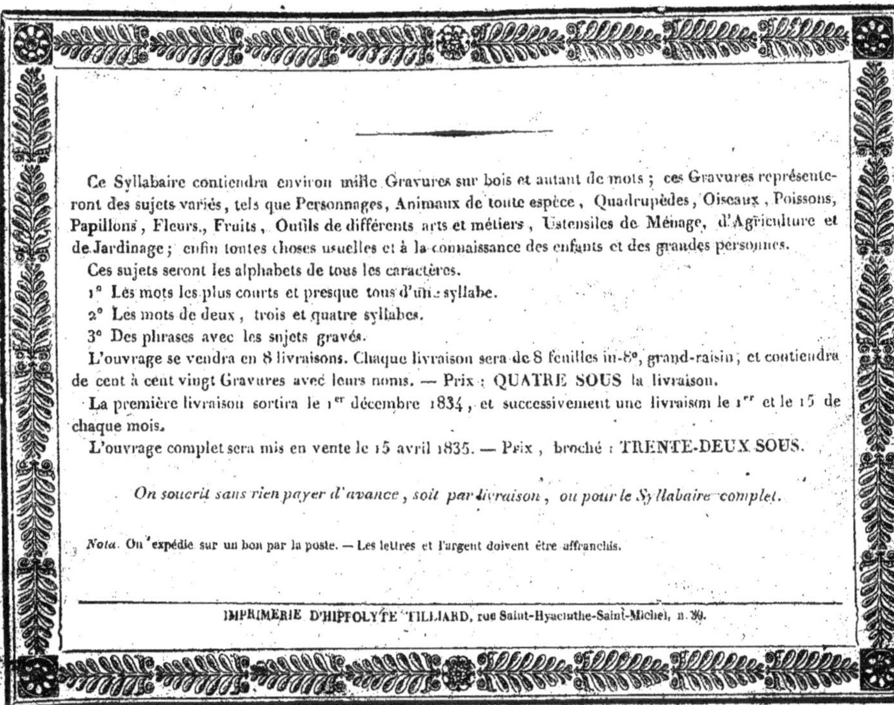

Ce Syllabaire contiendra environ mille Gravures sur bois et autant de mots ; ces Gravures représenteront des sujets variés, tels que Personnages, Animaux de toute espèce, Quadrupèdes, Oiseaux, Poissons, Papillons, Fleurs, Fruits, Outils de différents arts et métiers, Ustensiles de Ménage, d'Agriculture et de Jardinage ; enfin toutes choses usuelles et à la connaissance des enfants et des grandes personnes.

Ces sujets seront les alphabets de tous les caractères.

1° Les mots les plus courts et presque tous d'une syllabe.

2° Les mots de deux, trois et quatre syllabes.

3° Des phrases avec les sujets gravés.

L'ouvrage se vendra en 8 livraisons. Chaque livraison sera de 8 feuilles in-8°, grand-raisin, et contiendra de cent à cent vingt Gravures avec leurs noms. — Prix : QUATRE SOUS la livraison.

La première livraison sortira le 1er décembre 1834, et successivement une livraison le 1er et le 15 de chaque mois.

L'ouvrage complet sera mis en vente le 15 avril 1835. — Prix, broché : TRENTE-DEUX SOUS.

On souscrit sans rien payer d'avance, soit par livraison, ou pour le Syllabaire complet.

Nota. On expédie sur un bon par la poste. — Les lettres et l'argent doivent être affranchis.

IMPRIMERIE D'HIPPOLYTE TILLIARD, rue Saint-Hyacinthe-Saint-Michel, n. 30.

www.ingramcontent.com/pod-product-compliance
Lightning Source LLC
LaVergne TN
LVHW020500230826
846091LV00008BA/3293

* 9 7 8 2 0 1 9 2 6 0 4 8 4 *